# NOTICE

SUR

## LA PRISE DE POSSESSION

## DES TRÉSORS

## DE LA RÉGENCE D'ALGER,

Ces trésors ont-ils été spoliés ?

Par qui ?

Au profit de qui ?

Peut-on recouvrer, sinon toutes, du moins une grande partie des sommes soustraites ?

Telles sont les questions que soulève en les résolvant, cette notice, et sur lesquelles la Commission d'enquête, dont j'ai demandé la création, aura à prononcer.

### PAR M. J.-Bte FLANDIN,

Sous-Intendant militaire en retraite, qui fut Membre rapporteur de la Commission d'enquête créée à Alger, en 1850.

<hr>

## PARIS.

—

## 1848

# AVERTISSEMENT.

— ◆ —

**LECTEUR**, veuillez vous reporter de suite aux pièces que j'ai placées à la suite de cette notice.

Là est le germe de l'opinion que vous vous formerez sur cette mystérieuse affaire de la prise de possession des trésors de la régence d'Alger.

Là est la conscience du vote sur la demande que j'ai présentée pour qu'une Commission d'enquête fût chargée d'examiner, d'apprécier le fait constaté de soustraction de la plus grande partie de ces trésors par les agents qui en prirent possession ; fait grave sur lequel j'ai cru devoir appeler l'attention de l'Assemblée Nationale et de l'opinion publique.

Dans l'impossibilité de placer dans un cadre aussi étroit que doit être une simple notice, tous les faits, tous les actes, toutes les circonstances qui se rattachent à cette mystérieuse affaire, je n'ai rappelé dans cette notice que ceux qu'il fallait y rassembler pour établir l'urgence, pour le trésor public, de charger une Commission prise dans le sein de l'Assemblée Nationale, de procéder à l'enquête que j'ai demandée.

# PRISE DE POSSESSION

## DES

# TRÉSORS D'ALGER.

Auri sacra fames.....

## PREMIÈRE PARTIE.

Un grand dommage fut causé à la fortune publique lors de la prise de possession des trésors de la régence d'Alger, le 5 juillet 1830 ; des soustractions considérables furent pratiquées dans ces trésors au préjudice du Trésor national (1).

Le ministre de la guerre de l'époque en fut informé.

La couronne de France étant passée de *Charles X* à *Louis-Philippe*, et M. le maréchal Clauzel ayant reçu du nouveau ministre de la guerre l'ordre d'aller remplacer M. le maréchal Bourmont dans le commandement de l'armée expéditionnaire d'Afrique, il reçut en même temps celui de créer une commission d'enquête, à l'effet de rechercher ce qu'il pouvait y avoir de vrai dans les dénonciations qui étaient parvenues au ministre.

A son arrivée à Alger, le 4 septembre de ladite année 1830, cet officier général fit paraître un ordre du jour dans lequel on lit :

« La France a été indignée des bruits *fortement accré-*
« *dités* de soustractions coupables ; justice doit être faite
« de tous et à tous ; à l'armée si ces bruits sont faux et

(1) Voir à la suite de cette notice la déposition de M. Caze, la déclaration du capitaine Persat.

« malveillants ; des spoliateurs si malheureusement il y
« en avait de la fortune publique.... »

Cet ordre du jour me nomma membre rapporteur de
de cette Commission.

Elle se réunit le 6 septembre.

Le 7, je lui proposai de se transporter dans les lieux
où les trésors avaient existé, où ils étaient entassés le jour
de leur prise de possession.

Le 8, la Commission mit ma proposition à exécution.

J'avais convoqué pour l'assister dans la visite projettée :

M. Firino, payeur-général, détenteur des clefs des lieux,
et principal agent dans la prise de possession desdits trésors ;

L'ancien trésorier du dey d'Alger ;

Un interprête ;

M. le chef de bataillon du génie Guy, aide-de-camp de
M. le maréchal Clauzel, qui s'adjoignait un officier d'ar-
tillerie.

Tous les membres de la Commission, au nombre de
sept, étaient présents.

Là seulement je fis connaître dans quel but j'avais pro-
posé cette visite. Ce but était de contrôler. si faire se
pouvait, les opérations de la Commission de finances, qui
avait pris possession des trésors de la régence, *sans en constater le quantum par un inventaire préalable à tout enlèvement,* au moyen du cubage des capacités qui seraient
contradictoirement reconnues s'être trouvées remplies d'espèces et de matières or et argent, au moment de la remise
de leurs clefs au sieur Firino, par le ministre des finances
du dey (1).

Cette opération fut constatée par le procès-verbal de
la Commission d'enquête du 8 septembre 1830.

Il suffira, pour prouver son importance, de rapporter
ici une seule des circonstances qui en ont révélé l'utilité.

Le premier de ces trois caveaux, où s'étaient trouvées
entassées les espèces et matières or et argent qui composaient le *grand trésor,* nous fut déclaré, par le trésorier du
dey, avoir contenu des piastres dites : *d'Espagne.*

(1) Le 5 juillet 1830, à midi.

Le cubage venait d'en être fait par M. le chef-de-bataillon du Génie, Guy, sur les indications matérielles existantes aux parois du mur, confirmées par celles du trésorier.

Disons, d'abord, qu'il y avait dans la Casbah, indépendamment du trésor particulier du dey, dont la capitulation lui avait réservé la libre disposition, *deux trésors* appartenant à la régence, et sur lesquels le dey n'avait aucune autorité.

*Le petit trésor*, existant dans les caves souterraines auxquelles conduisait un entrée pratiquée à droite de la première salle dite : *salle des miroirs.*

*Le grand trésor*, qui était réparti dans trois caveaux ouvrant sur le mur de face de la troisième salle faisant suite à celle *des miroirs.*

Alors, voulant avoir une première appréciation de l'exactitude géométrique de cette opération, je priai M. Guy de calculer combien le nombre de mètres cubes donné par elle représentait de millions.

Les calculs faits, il nous dit que ce nombre donnait environ *quatorze millions*, déduction faite des vides, des interstices, qui se trouvent toujours dans un amas de pièces monnayées.

Ce résultat connu, j'interpellai M. Firino; je lui dis :
« Vous avez dû trouver dans ce caveau, Monsieur environ
« ron quatorze millions.....

« — Eh! oui, Monsieur, me répondit-il, on y a trouvé
« quatorze millions ....

« — *Ab uno disce omnes*, répliquai-je ; vous voyez, Mon-
« sieur, que les indications verbales et matérielles sur les-
« quelles je fais procéder ne sont pas trompeuses. »

Ce premier résultat révéla au sieur Firino, et à la majorité officieuse qui s'était déjà formée, toute la gravité de l'opération que j'avais eu en vue, en provoquant la commission à faire la visite, la reconnaissance des lieux où les trésors de la régence avaient existé.

Il fut dès lors évident que je voulais arriver à établir le contrôle des opérations de la commission de finances qui en avait pris possession, et qu'il en résulterait, avec la découverte de la vérité sur le *quantum* de ces trésors, des conséquences accusatrices de ces opérations.

Dès ce moment, cette majorité affecta la plus grande indifférence pour l'opération que je faisais faire ; elle fit plus, elle se retira dans une des pièces qui précédaient celle sur laquelle s'ouvraient les trois caveaux principaux des trésors.

M. Firino, appelé par elle, ou entraîné par son mouvement de retraite, la suivit. J'ignore ce qui fut dit entre eux ; mais on peut le présumer d'après l'espèce d'apostrophe questionneuse et fort inconvenante que cet agent m'adressa :

« Quelle est donc, me dit-il, l'opération que vous faites
« faire ? Aurait-elle pour objet de contrôler celles de la
« commission qui prit possession des trésors ? Quel est cet
« homme, cet Arabe avec lequel vous me mettez en con-
« tact ? »

A quoi je répondis : « En effet, Monsieur, mon inten-
« tention, en faisant procéder au cubage des capacités que
« vous avez trouvées remplies d'espèces et de matières or
« et argent, est d'obtenir, si faire se peut, le contrôle des
« opérations de la commission qui prit possession des tré-
« sors de la régence ; tel est le but de cette opération, et
« vous voyez qu'elle est rationnelle, que les moyens em-
« ployés ne sont pas trompeurs, qu'elle est exacte dans son
« exécution autant qu'elle sera utile dans ses résultats :
« vous le voyez, puisque vous êtes forcé d'avouer que vous
« avez, en effet, trouvé dans ce premier caveau les *quatorze*
« *millions* représentés par le nombre de mètres cubes donné
« par le cubage de la partie de ce caveau qui est reconnue
« s'être trouvée remplie de piastres d'Espagne. »

« Quant... à cet homme... cet Arabe dont vous parlez
« avec une sorte de mépris, c'est, et vous ne pouvez l'i-
« gnorer, l'ancien trésorier du dey, un homme qui,
« comme tel, connaît bien les trésors qui vous ont été
« livrés, et qui vient de vous le prouver par ses indications
« lesquelles, concordant avec celles matérielles qui se lisent
« sur les murs, ont mis M. le chef de bataillon Guy à même
« de procéder avec certitude à cette opération. »

Cette réponse ne pouvait être acceptée dans ses conséquences par le sieur Firino.

Comprenant le danger pour lui de l'aveu qu'il venait de faire au sujet des quatorze millions trouvés dans ce premier caveau, il me déclara qu'à *l'avenir il ne répondrait* à aucune de mes questions, ce qui était de sa part une manière de protester contre une opération dont les résultats devaient nécessairement accuser celles de la prise de possession des trésors de la régence.

Je mis fin à ce débat en déclarant au sieur Firino que je lui adresserais toutes les questions que je croirais utile de lui faire ; que, s'il y répondait, j'enregistrerais ses réponses, et que, s'il refusait d'y répondre, je mentionnerais son refus sur le procès-verbal de la séance.

Cela dit, j'invitai M. Guy à continuer son opération, dont les résultats définitifs, établis par ce procès-verbal, quant au nombre de mètres cubes, or et argent donné par elle, et aux millions qu'ils représentent, sont présentés dans un plan géométral que je ferai passer sous les yeux de la commission qui sera chargée de faire l'enquête que j'ai demandée à l'Assemblée nationale. Ces résultats établissent que, toute compensation faite pour les vides et les interstices qui existent dans un amas d'espèces monnayées, il y avait dans les deux trésors de la régence, lorsque les clefs en furent remises au sieur Férino, environ CENT CINQUANTE MILLIONS.

Or, combien les sieurs Denniée et Firino, qui en prirent possession, ont-ils versé dans le trésor public de la France ?

**QUARANTE-HUIT MILLIONS SIX CENT QUATRE-VINGT-QUATRE MILLE CINQ CENT VINGT-SEPT FRANCS QUATRE-VINGT-DOUZE CENTIMES!!!**

Ce chiffre de CENT CINQUANTE MILLIONS se retrouve:

1° Dans le rapport que M. Deval, consul général de France près la régence d'Alger, envoya, le 26 féveier 1828, à tous les membres du cabinet, lequel annonce, en outre, l'existence de diamants et objets précieux d'une valeur très-considérable, qui *ont dû tomber, ainsi que les trésors, au pouvoir des agents ; car*, dit M. Deval, *leur enlèvement par le dey ou par ses agents est reconnu impossible.*

2° Dans un ouvrage publié sur la régence d'Alger, par M. Scheler, consul général d'Amérique, près de cette régence (1) :

(1) Voir l'extrait de ce rapport et de cet ouvrage à la fin de cette notice.

3° Dans une lettre que M. le chef de bataillon du génie Guy m'a écrite, et dont le contenu a dû être reproduit par lui dans une déposition faite devant M. Zangiacomi, juge d'instruction ;

4° Enfin, dans une déclaration de la plus grande gravité, que m'a adressée M. Persat, capitaine attaché à l'état-major général de l'armée d'Afrique (1).

Le résultat de cette opération, implicitement accusatrice, confirmait les dénonciations qui avaient rendu nécessaire la création de la commission d'enquête ; mais par cela même elle devait rencontrer des opposants dans son sein, tous les membres, il faut le dire, parce que les faits l'ont prouvé, n'étant pas animés du désir de découvrir la vérité sur ces dénonciations.

Par une fatalité dont l'explication se trouve dans l'existence des opposants à la recherce de la vérité, un ordre supérieur vint, contrairement à l'art. 6 de l'ordre du jour du 4 septembre 1830, suspendre les investigations de la commission d'enquête, alors même que moi, son rapporteur, j'allais la faire entrer dans la voie de la vérité.

Force me fut de m'y soumettre.

Je résumai les résultats de ses travaux au jour de leur suspension, dans un rapport qui, loin d'écarter les accusations préexistantes, les fortifiait par une déclaration des *plus graves présomptions* sur le chef des soustractions considérables qui avaient été dénoncées au gouvernement, et sur d'autres chefs.

Mon rapport fut accepté à l'*unanimité*, après deux observations dont, séance tenante, et les procès-verbaux à la main, je fis bonne justice en prouvant la rigoureuse exactitude de ma rédaction.

Cet incident vidé, je lus les conclusions du rapport : elles en étaient la conséquence logique et rationnelle, mais par cela même elles étaient accusatrices.

Alors, quatre membres sur sept, formant la majorité de la commission, refusèrent d'accepter ces conclusions; ils voulurent en présenter d'autres. Ils ne le firent pas séance tenante, et les procès-verbaux sous les yeux ; non ; cela

<hr>

(1) Voir à la suite de cette notice.

leur eût imposé la vérité, la justice. Il fut donc décidé par cette majorité que *copie de mes conclusions leur serait donnée, et que chacun de ses membres élaborerait d'après elles, telles conclusions qu'il leur plairait d'opposer aux miennes.*

Ces conclusions mentaient aux faits, aux actes, à toutes les circonstances recueillies par la commission ; elles prirent place à côté de celles qui faisaient suite à mon rapport.

Je protestai contre elles.

Un incident grave vint ajouter l'autorité d'un fait aux dénonciations de soustractions considérables qui avaient, tout d'abord, et avant que l'on ne sût que l'on pourrait donner une autre destination, une destination de succession dynastique aux sommes soustraites, déterminé le gouvernement de Juillet 1830, à faire rechercher la vérité sur le fait dénoncé de ces soustractions... Le voici :

Un officier du 49° régiment d'infanterie de ligne, M. Pagès, retenu malade chez lui, ayant appris que l'enquête était suspendue, me fit prier de me rendre auprès de lui.

Je déférai à sa demande ; il me dit : « Je regrette que « l'enquête soit terminée. J'avais à révéler à la commission « un fait important. »

Je lui répondis que l'enquête n'étant que suspendue, elle devrait être reprise plus tard, et que s'il avait, en effet, à faire une révélation quelconque, je la recevrais *pour mémoire,* me réservant de le faire entendre par telle juridiction devant laquelle l'enquête suspendue serait reprise.

Alors, M. Pagès me fit la déclaration suivante :

« Dans la nuit du 6 au 7 juillet, des compagnies de mon « bataillon furent relever un bataillon du 6° régiment d'in- « fanterie de ligne. J'ai entendu des sous-officiers de ce ré- « giment dire que deux compagnies (la 2° et celle des « grenadiers) du .. bataillon de ce régiment avaient été « employées pendant toute la nuit précédente à transporter « des charges espèces or de l'intérieur de la casbah en « dehors de la ville... »

Cette déclaration était grave. Je demandai à M. Pagès s'il se croyait assez sûr du fait qu'elle révélait, pour que je dusse la conserver, et pour qu'il me promît de la confirmer lorsqu'il en serait requis.

Sa réponse ayant été affirmative, je me fis remettre par le sous-intendant militaire qui avait la police administrative du 6ᵉ régiment d'infanterie de ligne, le contrôle des deux compagnies désignées par M. Pagès, afin de pouvoir, plus tard, faire interroger les sous-officiers et soldats qui les composaient en juillet 1830.

L'enquête ainsi suspendue violemment, sans en avoir délibéré, et par infraction à l'article 6 de l'ordre du jour du 4 septembre, portant que « lorsque la commission *serait* « *arrivée au terme de ses recherches*, elle remettrait au gé- « néral en chef *un rapport signé de tous ses membres*, pré- « sentant, avec ses conclusions, le résultat de ses travaux, » je quittai Alger pour rentrer en France, emportant la déclaration de l'officier Pagès.

Étant au lazareth de Marseille, je réfutai je ne sais quel rapport, œuvre posthume faite par les hommes qui s'étaient constitués en majorité (4 sur 7) de la commission d'enquête, œuvre nulle, conséquemment, puisque ceux qui l'avaient faite étaient virtuellement dépouillés du caractère de membres de cette commission, qui n'existait plus *de facto* depuis l'ordre de suspension de ses recherches, et la clôture de ses travaux constatée par son dernier procès-verbal ; œuvre deloyale, menteuse et, en quelque sorte, prévaricatrice, puisqu'elle était une controverse, avec démenti, du rapport fait, lu par moi, inséré dans la collection de ses nombreux procès-verbaux, et que la commission *avait adopté à l'unanimité*.

J'envoyai ma protestation contre la suspension de l'enquête, et ma réfutation de cette œuvre occulte à MM. les ministres de la guerre et des finances, et je demandai formellement que l'enquête suspendue fût reprise.

Je ne reçus aucune réponse ; il ne fut rien fait... Je me trompe : le contre rapport de cette majorité, ses conclusions menteuses, illogiques, furent acceptées par le gouvernement, et homologuées, à la date du 22 octobre par un ordre du jour qui proclama, QUAND MÊME, la probité

(1  J'ai remis ces contrôles à l'information de 1833 : mais elle n'a pas jugé à propos d'entendre ces sous-officiers et soldats, bien que l'officier Pagès eût confirmé sa déclaration.

des agents qui avaient pris possession des trésors d'Alger, et déclara *que ces trésors avaient en entier profité à la France!* ordre du jour par lequel ses rédacteurs entreprirent d'abriter les *spoliateurs de la fortune publique* dont avait parlé celui du 4 septembre précédent, sous le drapeau glorieux et sans tache de l'armée expéditionnaire d'Afrique, de cette armée avec laquelle les hommes dont cet officieux ordre du jour proclama la probité, n'entrèrent pas même en communauté de la gloire dont elle s'était couverte; de l'armée, enfin, qui sortit pure des tentations auxquelles avaient succombé par ordre, d'abord, puis par convoitise, les chefs de sa·haute administration, et dont tant de témoignages, tant de preuves irrécusables, tant de documents dignes de foi ont dressé l'acte d'accusation!

Ainsi finit le premier acte de cette comédie écrite par les figaros de l'époque; et pour compléter ce triomphe de l'improbité des agents et de leur haut complice, sur la loyauté des accusations; du mensonge sur la vérité, le gouvernement de Juillet, buvant toute honte, en même temps qu'il trompait ainsi le pays et la législature sur les résultats de l'enquête suspendue, et qu'il faisait octroyer un premier bill d'indemnité aux spoliateurs de la fortune publique auxquels il s'associait, me fit éprouver de suite son ressentiment.

Il fit plus, il résolut de m'éloigner, parce que j'insistai sans cesse pour que l'enquête fût reprise.

Pour cela il me remit en activité de service, et me donna pour exil l'intendance du corps d'occupation de la Morée.

J'étais bien évidemment frappé de sa disgrâce, de sa disgrâce que, pour rester dans le vrai, il faut personnifier dans celle du chef de l'État, de Louis-Philippe.

Et pourquoi l'étais-je? Pour avoir voulu que la vérité se fît jour sur cette scandaleuse affaire de la prise de possession des trésors d'Alger!

Je ne me tins pas pour abattu; je n'acceptai pas le silence auquel on voulait me soumettre.

Arrivé en Morée, j'écrivis *l'historique de l'enquête d'Alger*, dont je ne révèle ici que quelques principales circonstances.

A mesure que je l'écrivais, j'en envoyais les chapitres à M. le maréchal Soult, qui, dominé par le pouvoir qui avait joint à l'usurpation *hypocrite* de la couronne de Charles X, l'usurpation *cachée* des nombreux millions qui avaient été soustraits pour lui des trésors de la casbah, me fit dire que si je *publiais cet historique, il serait vrai de m'ôter mes fonctions* (1).

Une pareille menace m'étonna sans m'intimider. La force, l'audace même des hommes puissants qui se sentent coupables d'un crime contre lequel la conscience se révolte, fléchissent devant l'énergie de la vérité accusatrice.

Interrogé par moi dans une lettre grave, sévère, dans laquelle je formulai les accusations les plus élevées, l'éditeur responsable de cette menace imposée à sa probité, et qui faisait, je le sais, violence à son ancienne bienveillance pour moi, M. le maréchal Soult, dans sa réponse que je conserve, confirma cette menace qui était toute une révélation.

Je tombai malade ; je demandai un congé... il me fut accordé avec invitation, « *dans l'intérêt du service*, de n'en « user que dans le cas « où ma santé l'exigerait impérieu- « sement. »

Le cas se présenta. J'usai de mon congé. J'arrivai à Paris; M. le maréchal Soult me reçut avec une bienveillance marquée, et qui déconcerta mes nombreux ennemis. — Re- « posez-vous, me dit-il, rétablissez-vous, et quand vous se- « rez bien portant, vous viendrez me voir ; je vous recevrai « avec plaisir. »

Peu de temps après, en juin 1833, je lui demandai une audience qu'il m'accorda. Je lui narrai toute cette mysté- rieuse et sale affaire de la prise de possession des trésors d'Alger ; je lui dis les intrigues, les offres d'argent (1).... tout enfin....

Alors, M. le maréchal me répondit : « Puisque les « choses se sont passées ainsi, je ne vous retiens plus, pu- « bliez *votre historique* de l'enquête d'Alger... *tant pis pour ceux sur qui tombera le scandale...*

(1) Celle constatée par la déposition de M. Caze, ancien secrétaire du gouvernement d'Alger.

A cette même audience des promesses d'une large rému-
nération pour un grand service que j'ai rendu, et qui était,
depuis le 30 mai 1833, productif d'une économie annuelle
de près d'un million, qui devait durer toujours, me furent
faites par ce ministre.

Ainsi rendu à la liberté, et sachant que le chef de l'État,
que Louis-Philippe n'ignorait pas, et pour cause, tout ce
qui s'était passé, lors de la prise de possession des trésors d'Alger, je voulus qu'il apprit que je le savais aussi.

Je lui demandai une audience; il me l'accorda le 8 juillet
1843; je lui fis le narré de toute cette affaire; je lui dis
que « j'avais dans mon portefeuille la preuve officielle que
« des remises considérables en lingots avaient été faites
« d'Angleterre à plusieurs maisons de banque de Paris. »

Louis-Philipppe me répondit (et ce sont les seules paroles qui soient sorties de sa bouche pendant cette longue
audience) : « Ah ! oui, il y a ces six à sept millions qui sont
« arrivés à Nice. » A quoi je répliquai : « Que sont ces six
« à sept millions à côté des sommes bien autrement consi-
« dérables qui sont, je le répète, arrivées à Paris d'An-
« gleterre, provenant des trésors d'Alger ? J'en ai la preuve
« dans mon portefeuille. »

Cette réplique fut reçue par un silence absolu.

Enfin, on vint avertir Louis-Philippe que le conseil des
ministres était assemblé, et qu'il l'attendait. Il se leva et
me dit : « M. Flandin, je n'oublierai rien de tout ce que
« vous m'avez dit, et *quand le maréchal Soult sera de re-*
« *tour, nous arrangerons tout cela.* »

Je lui demandai la permission de résumer dans une note
tout ce que je lui avais dit sur cette affaire des trésors d'Alger, et de la lui envoyer. Il me répondit : « Vous me ferez
« plaisir ; envoyez-là moi. »

Je la lui envoyai en effet ; J'y parlais de la preuve que
j'avais des envois de lingots faits d'Angleterre. Ma note
passa des mains de Louis-Philippe à celles du ministre de
l'intérieur (1), et de celles de ce ministre dans les mains du
procureur du roi, qui, le 8 août 1833, lança un réquisi-

---

(1) M. Bergout qui pourrait, peut-être, aider à la manifestation de la
vérité.

toire contre les sieurs Denniée, intendant militaire, et Firino, receveur général. ... et tous autres....

La remise de cette note par Louis-Philippe à M. d'Argout a produit un incident que je me bornerai à rapporter, laissant au lecteur le soin d'en apprécier la moralité et
le sens mystérieux.

Cet incident est postérieur de deux mois à une lettre que
ce ministre m'écrivit le 5 juin 1833 (1), pour m'inviter,
en vertu de quel droit? je l'ignore, à lui envoyer les pièces
qui prouvaient que des soustractions considérables avaient
été commises lors de la prise de possession des trésors
d'Alger, et desquelles j'avais eu occasion d'entretenir le
secrétaire général de ce ministère ; invitation à laquelle je
répondis par un refus motivé qui dut déplaire à M. d'Argout.

*Inde iræ.* — De là, et pour se saisir de la preuve que
j'avais dit avoir, que j'avais, que j'ai encore, de l'envoi
d'Angleterre à plusieurs maisons de Paris, de milliers de
caisses de lingots (2); de là, dis-je, le conseil donné ou reçu
de déférer ma note et ma lettre au procureur du roi.

Or cet incident le voici :

Ma note ainsi remise par Louis-Philipe au ministre
d'Argout, en l'absence de M. le maréchal Soult, il me fit
inviter à me rendre dans son cabinet, où il me dit :

« Monsieur, le roi est très-mécontent de ce que, dans une
« lettre et une note que vous lui avez envoyées, vous avez
« dit que, si l'on ne vous donnait pas de l'argent, *vous ne*
« *garderiez pas le silence sur les affaires d'Alger.*

A cette imprudente autant qu'étrange apostrophe, je répondis :

« Monsieur le ministre, M. Flandin a la réputation d'un
« homme qui sait ce qu'il fait, ce qu'il dit, ce qu'il écrit ;
« il n'y a pas un mot de ce que vous venez de me dire
« dans la lettre et dans la note que j'ai adressées au roi,
« d'après ses ordres. Lisez bien, monsieur, et vous verrez
« que, s'il y est question d'argent, d'une somme de cent mille

(1) Voir sa lettre et ma réponse à la suite de cette notice.
(2) J'en communiquerai la preuve à la Commission qui sera chargée de
recevoir mes communications.

« francs, chiffre convenu entre M. le maréchal Soult et
« moi, et pour lequel il m'avait autorisé à voir M. le mi-
« nistre de la marine, et devait vous voir vous-même, c'est
« à dire :

« 1° De paiement d'une créance de trente et quelques
« mille francs qui me sont dus par ce ministère depuis la
« campagne de St-Domingue ;

« 2° De première récompense pour le service si grand
« que j'ai rendu par mon nouveau système de panification,
« lequel est productif, depuis 1833, d'une économie an-
« nuelle de près d'un million dans les dépenses de l'admi-
« nistration de la guerre (1).

« Et non pas, comme vous le disiez, monsieur le mi-
« nistre, *pour me taire sur les affaires d'Alger.* »

Puis j'ajoutai :

« Mais, monsieur le ministre, si M. Flandin avait eu
« l'impudeur d'écrire au roi que, *si on ne lui donnait pas
« de l'argent il ne se tairait pas sur les affaires d'Alger,
« c'est donc qu'en effet il y aurait quelque chose à dire sur
« cette scandaleuse affaire* de la prise de possession des tré-
« sors d'Alger »

Ne pouvant rien répondre à l'argument, M.    Argout
répliqua :

« Monsieur, le roi m'a ordonné de remettre votre lettre
« et votre note au procureur du roi, afin qu'il fût instruit
« sur vos accusations. »

A quoi je répliquai :

« Eh bien, monsieur, c'est une grande imprudence que
« l'on commet là, si ce n'est pas une perfidie ; elle m'im-
« pose une tâche. Tenez-vous pour assuré que je la rem-
« plirai. » Cela dit, je me retirai.

(1) La décision et l'instruction de M. le maréchal Soult, en date du 31 mai
1833 en sont la preuve ; elles eussent dû recevoir leur effet ad æternum ;
mais les intrigues des agents comptables, accueillies, favorisées par le sieur
Evrard St-Jean, intendant militaire, directeur de l'administration au ministère
de la guerre, sont parvenues à les oublier dans une grande partie des résultats qu'elles devaient avoir. — Espérons que sous le ministère de M. le
général Lamoricière, à qui on les a scellées, et qui, encore aujourd'hui, est
trompé sur le véritable rendement des farines, et, surtout, sur le rendement
de celles provenant des blés dans de la mer noire ; espérons, dis-je, que
sous le ministère de M. le général Lamoricière, elles recouvreront leur force
d'action, et la puissance de leur destin.

Le 9 juillet, la menace ne se fit pas attendre : M. le juge
d'instruction Zangiacomi, m'écrivit « qu'une affaire de la
« plus haute importance qui venait de lui être envoyée,
« lui faisait éprouver le besoin de conférer avec moi. »

Je me rendis dans son cabinet ; je lui dis :

« Il ne m'a pas fallu un grand effort pour deviner quelle
« était l'affaire importante qui vous faisait désirer de
« m'entretenir : il s'agit de l'affaire des trésors d'Alger.
« M. le ministre de l'intérieur a pris, d'un ton imprudem—
« ment menaçant, le soin de m'en informer... Eh bien, je
« pense que vous jugerez convenable que nous ayions quel-
« ques conférences avant que de passer outre à une infor-
« mation. »

Et M. Zangiacomi me répondit « qu'il était très-satisfait
« de me voir dans de pareilles dispositions. Je demeure,
« ajouta-t-il, rue de Provence, n° 3 ; tous les jours, à dix
« heures du matin, je serai à votre disposition. »

Je me retirai.

Le lendemain je me rendis chez ce magistrat. Je lui com-
muniquai la preuve de l'arrivée d'Angleterre des remises
considérables en lingots qui avaient été faites à plusieurs
maisons de banque de Paris, cette preuve dont j'avais parlé
à Louis-Philippe, et que j'avais rappelée dans ma note timbrée ; *Note secrète*, qui avait servi de base au réquisitoire
du 8 août 1833. M. Zangiacomi en parut frappé. Je lui
dis : « Je ne suis pas dupe de l'instruction dont vous êtes
« chargé ; on semble vouloir chercher la vérité sur le fait
« des soustractions commises dans les trésors d'Alger ; on
« la sait bien, cette vérité, mais on ne veut pas qu'elle se
« manifeste, qu'elle sorte d'une information judiciaire... »

A cette déclaration, M. Zangiacomi répondit par une
protestation de bon vouloir, de sincérité, à laquelle je répliquai : « Je crois à l'un et à l'autre ; mais, Monsieur,
« vous ne serez pas maître de diriger l'information de ma-
« nière à ce que la vérité apparaisse... ; *on ne la veut pas*
« *plus à Paris en 1833 qu'on ne l'a voulue à Alger en*
« *1830.* »

« — Eh bien ! me dit-il, je ferai l'instruction avec vous ;
« je vous communiquerai tout, et si, en fin de compte, vos
« craintes se réalisaient, vous auriez la publicité. ... »

Ici M. Zangiacomi était de bonne foi ; il parlait avec sincérité ; il était lui-même....: on ne lui avait pas encore imposé un autre langage, une autre manière de conduire l'information.

Le 14 du même mois, quatre jours après ma première visite, de laquelle sans doute il avait rendu compte, un homme que j'ai nommé en justice, dont j'ai imprimé le nom, un ancien receveur général, avec lequel j'avais beaucoup parlé de l'affaire des trésors d'Alger, vint me voir et me dire, que *si je voulais ne faire aucune déposition, et ne remettre aucune pièce, on me donnerait* SIX CENT MILLE FRANCS.

C'était le double de ce que le sieur Fourmont, ancien secrétaire de M. de Bourmont, et le sieur Schneider jeune, agent de la maison Sellière, et naguère membre de la Chambre des députés, étaient venus m'offrir en 1830, à mon retour d'Alger, *pour que je ne demandasse pas à M le garde des sceaux la reprise de l'enquête suspendue à Alger :*

Ce fait est déclaré dans la déposition de M. Caze, ancien secrétaire du gouvernement d'Alger sous M. le maréchal Clausel.

Je refusai cette offre qui m'eût réalisé au-delà de 30,000 de rente... en portefeuille.

Le lendemain je fus en informer M. Zangiacomi .. qui, sans doute, rendit compte de mon refus... de mon refus qui contrariait ceux qui ne s'y étaient pas attendus.

Et, trois jours après, ce magistrat m'invita à me rendre dans son cabinet.

Là, il me dit *qu'il avait reçu l'ordre de commencer l'information.*

« — Je m'y attendais, lui répondis-je, d'après mon refu « d'accepter les 600,000 francs qui m'ont été offerts, ainsi « que je vous en ai informé. »

Alors M. Zangiacomi me représenta la note timbrée : *note secrète*, que j'avais envoyée à Louis-Philippe, ainsi que je l'ai dit plus haut. Il y avait préparé un *ne varietur*, me demanda si je la reconnaissais comme étant de moi, et, sur ma réponse affirmative, il m'invita à la parapher.

J'avais conservé bon souvenir de son contenu. Je compris l'usage perfide que l'on voulait en faire contre moi Je

demandai ma note. et j'écrivis au bas de la dernière page
une protestation contre l'intention où l'on paraissait être
de considérer comme une dénonciation cette note qui n'é-
tait et ne devait être cons.dérée que comme une communi-
cation faite par un fonctionnaire public au chef de l'État.
— Je signai ma protestation, après quoi je rendis ma
note à M. Zangiacomi qui, la lisant, et étant arrivé à l'en-
droit où je disais que « j'avais, dans mon portefeuille, la
« preuve officielle que des remises considérables en lin-
« gots avaient été faites d'Angleterre à plusieurs maisons
« de banque de Paris, » m'invita à *remettre cette preuve
entre les mains de la justice.*

Cette preuve c'était, entre autres, une lettre d'un ancien préfet de police qui m'informait de l'arrivée de ces
remises. Je m'y refusai ; je dis à M. Zangiacomi que je
l'avais déposée hors de Paris... Il ne me crut pas, il ne
pouvait pas me croire, puisque, peu de jours avant, je la
lui avais encore montrée : Il insista... il bégaya une quasi
menace... Je l'arrêtai et lui dis :

« Je viens de vous dire que je n'avais pas cette lettre...
« Eh ! bien, il me plaît maintenant de vous déclarer que
« je l'ai, et que je ne veux pas vous la remettre. Cette
« lettre, Monsieur, fait toute ma force dans le procès que
« l'on entame ; elle ne sortira de mes mains que pour pas-
« ser dans celles d'un président de Cours d'assises, où
« j'espère bien que cette affaire finira par être portée... »
Et, me retournant du côté de son greffier, je lui dictai
un refus sévèrement motivé, après quoi je dis à M. Zangiacomi : « Maintenant, Monsieur, achevez, si vous l'osez,
« la formule de la menace que vous aviez commencée. »

Il s'en garda bien ; il continua mon interrogatoire que je
signai après avoir lu, et je me retirai.

Peu de temps après j'écrivis une déposition générale des
plus graves qui contenait quinze faits : elle fera partie des
pièces que je déposerai entre les mains de la commission
d'enquête dont j'ai demandé la création à l'Assemblée nationale.

Je remis en même temps des pièces de la plus grande
gravité. J'y ajoutai la liste des personnes dont je demandais
l'audition, ainsi que j'y étais autorisé par le réquisitoire

du 8 août 1833 , et sur laquelle se trouvait l'officier Pagès, qui m'avait fait, à Alger, l'importante déclaration dont j'ai parlé, et qu'à cet effet je remis à M. Zangiacomi. Cet officier fut entendu par commission rogatoire; il confirma sa déclaration.

Quant aux sous-officiers et soldats qu'il m'avait désignés, le juge d'instruction ne jugea pas à propos, ou ne reçut pas l'autorisation de les entendre.

Cependant, j'obtins que M. Caze, ancien secrétaire du gouvernement d'Alger sous M. le maréchal Clauzel, fût entendu. Sa déposition est des plus graves : M. Zangiacomi en reconnut l'importance, et me l'avoua ; seule elle suffisait pour faire prononcer la mise en accusation des prévenus devant une cour d'assises ; mais c'eût été y traduire moralement le pouvoir qui s'était fait leur protecteur-complice... On la foula aux pieds. — Le lecteur en trouvera l'extrait à la suite de cette notice.

Un long temps se passa sans que j'entendisse parler de l'information. Cependant on agissait contre moi, contre mes dépositions, contre tout ce qui pouvait conduire à la découverte de la vérité.

J'avais refusé de m'enrichir en acceptant les six cent mille francs offerts le 14 août, et, en m'enrichissant, de tranquilliser les prévenus et leurs complices de haut et bas étages;

J'avais refusé de livrer la lettre qui disait les envois faits d'Angleterre à Paris, *avec les fonds soustraits* à Alger, et que l'on avait dénaturés et transformés en lingots....

Il fallait épuiser tous les moyens d'annihiler mon action, et la force, qu'à tort ou à raison, je trouvais dans cette lettre.

Pour cela, on fit venir d'Angleterre, où il se trouvait alors, celui qui me l'avait écrite; et m'ayant mandé dans son cabinet, M. Zangiacomi me dit : « Voilà M. T........
« qui est arrivé hier tout exprès pour vous dire qu'il y a
« une équivoque dans la lettre qu'il vous a écrite, et que
« c'est cette équivoque qui vous fait penser et dire que les
« remises faites d'Angleterre à plusieurs maisons de Paris
« proviennent des trésors d'Alger. »

Une déclaration aussi étrange me révéla le but que l'on voulait atteindre. N'ayant pu me forcer à me dessaisir de cette lettre, on voulait m'en faire accepter la nullité dans la cause; ma réponse fut prompte et nette : je déclarai que « je ne reconnaissais à aucun auteur le droit de dire qu'il « avait équivoqué dans ce qu'il avait écrit, » et j'ajoutai :

« Laissons là cette prétendue équivoque qui sera exa-
« minée, appréciée, jugée en cour d'assises ; car, je le ré-
« pète, il faut que cette affaire y vienne, et arrivons à
« quelque chose de plus sérieux, à quelque chose qui n'est
« pas, qui ne peut pas être équivoque, car c'est une chose
« matérielle : je veux parler de l'arrivée des 865 caisses
« de lingots, qui ont été expédiées d'Angleterre à M. Ha-
« german, de Paris. Ce fait-là n'est pas équivoque. J'ai
« remis à l'information copie des bordereaux que le mi-
« nistre de l'intérieur de ce pays m'a envoyés... Eh bien !
« quand nous serons en cour d'assises, nous saurons quelle
« fut l'origine des lingots contenus dans ces caisses, et sur
« tout quelle en a été la destination.. »

Cela dit, je me retirai.

J'ajoute aujourd'hui qu'il faut arriver à la conn. issance de celui qui a payé, ou pour compte de qui on a payé les 300,000 fr. que M. Hagerman m'a dit, en 1844, *avoir reçus à titre de commission* pour avoir gardé ces 865 caisses de lingots pendant trois jours dans ses salons : Ce sera le devoir de l'enquête.

Toutes les ressources étaient épuisées, tous les moyens de séduction, de corruption, d'intimidation, de discussion, avaient été inutilement employés.

Que faire donc avec un homme qui avait réponse à tout, qui résistait à tout, contre qui tous les ressorts de l'intrigue venaient se briser ?

Deux choses :

Recueillir, provoquer contre lui les plus lâches diffamations, en salir le dossier de l'information ;

Provoquer, mendier de tous les côtés des dépositions justificatives, même d'hommes qui furent accusés devant la commission d'enquête (1) ; d'autres qui étaient sous la

_______

1 Je les ferai connaître.

dépendance directe et absolue du pouvoir compromis, ou soumis à l'influence du chef de la majorité de la commission d'enquête d'Alger, qui ne voulut pas que la vérité sur la prise de possession des trésors de la régence fût connue.

Et, au mépris du réquisitoire du 8 août 1833, qui disait : « Toutes les personnes désignées par M. Flandin se-« ront entendues, » se refuser à entendre un grand nombre de témoins dont j'avais donné les noms, et ceux-là même qui auraient fait éclater cette triste vérité, que *des soustractions considérables avaient été pratiquées lors de la prise de possession des trésors d'Alger.*

Ce résultat obtenu, on considéra l'information comme terminée, et il n'y avait plus qu'à rédiger le rapport, et à le remettre, avec le dossier, au substitut du procureur du roi, qui devait occuper devant la chambre du conseil.

Ce substitut, c'était le sieur Poinsot. Depuis six mois il me faisait attendre un entretien que je lui avais demandé, et qu'il m'avait promis. Pourquoi me le faisait-il attendre ? Parce que, dans l'état où l'instruction, faite comme je viens de le dire, se présentait, le rapport concluait à l'absence de preuves du fait de ces soustractions. D'où la conséquence que les accusations étaient fausses et calomnieuses ; ce qui donnait, contre moi, aux hommes accusés, ouverture à une attaque en dénonciation calomnieuse.

Mais M. le maréchal Soult à qui, comme on l'a vu dans le cours de cette notice, j'avais révélé toutes les saletés de cette scandaleuse affaire ; M. le maréchal Soult, que l'on consulta sur les suites à donner à cette menteuse information, avait dit : « Peu m'importe que l'on mette en « jugement les sieurs Denniée et Pirino : je n'y tiens pas ; « mais je ne veux pas que M. Flandin leur soit sacrifié. »

Force fut donc d'ajourner le rapport et le réquisitoire sur l'information qui devait conclure tout autrement.

Or, cet ajournement contrariait ceux-là, petits et grands, agents, consorts et pouvoir-complice, qui avaient hâte d'en finir, et besoin de mon sacrifice duquel devait sortir leur audacieuse justification.

Un incident politique leur vint en aide.

Bien des lecteurs se souviendront d'un différend qui eut lieu, à l'occasion d'un remaniement ministériel, dans lequel Louis-Philippe voulait, contre l'agrément du maréchal Soult, que M. Thiers trouvât place : Il fallait opter entre l'un ou l'autre.

M. Thiers entra au conseil ; le maréchal Soult se retira, et le maréchal Gérard lui succéda au ministère de la guerre.

C'était justement à cela que l'on visait ; c'est ce que l'on attendait pour consommer l'œuvre d'iniquité.

J'avais eu, pendant la restauration, avec ce nouveau ministre, des rapports assez fréquents. Je crois même me souvenir que je ne fus pas étranger au premier discours qu'il prononça lorsqu'il fut nommé l'un des députés de Paris. Dans toute autre circonstance j'aurais pu me prévaloir de ces précédents, et compter sur sa bienveillance.....

Mais M. le maréchal Gérard avait bien autre chose à faire qu'à s'en souvenir ; il avait, en succédant à M. le maréchal Soult, une mission à remplir qui lui prescrivait de les refouler au fond de sa conscience d'honnête homme, appartenant toute entière, alors, à celui qu'il nommait son ami, son maître.

Or, cette mission consistait à donner des ordres pour que l'instruction sur l'affaire des trésors d'Alger, telle que l'on a vu qu'elle avait été faite, c'est-à-dire, à la manière de Figaro et de Bazile, sortît son plein et entier effet telle qu'elle était résumée dans un rapport préparé officieusement par M. Zangiacomi, bien qu'il eût eu un successeur qui devait, m'avait-il écrit, la continuer ; rapport que ce successeur reçut de lui (1) et remit au substitut Poisset, qui fit, sans autre examen, son réquisitoire à la chambre du conseil, laquelle rendit avec un aussi *louable* empressement et une *confiance égale dans la probité des termes du rapport et du réquisitoire*, cette ordonnance de non-lieu portant que *toutes les accusations étaient fausses et calomnieuses*, etc.

(1) J'ai le billet que le greffier de ce juge d'instruction, qui avait été celui de M. Zangiacomi, écrivit à celui-ci pour le prier d'envoyer de suite le rapport qu'il avait provisionnellement préparé.

Et c'est ainsi que les hommes qui effectuèrent des soustractions considérables lors de la prise de possession des trésors d'Alger, reçurent un bill d'indemnité, un certificat de probité qui les maintinrent dans la paisible possession des immenses richesses qu'ils avaient rapportées de ce pays.

C'est ainsi que Louis-Philippe qui les avait (l'histoire contemporaine instruite par l'enquête que je demande dira pourquoi) couverts de sa protection, acquit sa tranquillité, et put garder pour lui le secret de la destination qu'a eue la partie de ces soustractions qui, primitivement destinée pour Charles X, est arrivée d'Angleterre à Paris, transformée en ces milliers de caisses de lingots d'argent, dont ainsi que je l'ai déjà dit, huit cent soixante-cinq ont été reçues par le seul banquier Hagerman (1), qui les a gardées en dépôt pendant trois jours, et a reçu, pour prix de cette officieuse entremise, *une misérable commission de trois cent mille francs* (2) !

Il est, je le sais des hommes qui seraient disposés à opposer à cette accusation de soustraction que j'ai formulée, je ne sais quelles dépositions d'officiers de divers grades qui auraient dit :

*Qu'aucune soustraction n'a eu lieu*, et qui, pour prouver ce fait négatif, auraient ajouté: « qu'ils avaient vu apposer « les scellés sur la porte des trésors : »

« Qu'ils avaient revu ces mêmes scellés intacts le lendemain;

« Qu'ils avaient passé la nuit couchés à la porte de la « casbah, et qu'ainsi l'on n'aurait pu rien enlever sans « qu'ils s'en aperçussent …. »

Je ne dirai rien de ces dépositions… Dieu seul qui lit dans les consciences a le droit d'accuser, et le pouvoir de frapper celles qui seraient coupables.

Mais, si je n'ai pas le droit d'accuser les consciences, j'ai celui d'apprécier, de juger les actes et leurs auteurs, quels qu'ils soient ; j'ai celui de les déclarer coupables si je peux rapporter la preuve de leur culpabilité.

Or, la preuve que ces actes et leurs auteurs furent coupables, la voici :

(1) J'en ai fourni la preuve. Je prouverai que d'autres en ont reçu.
(2) C'est lui-même qui me l'a dit en 1844 en ces termes.

Le rapport sur l'information, le réquisitoire du ministère public qui a occupé à la chambre du conseil, l'ordonnance de cette chambre se sont prévalus contre les accusations de ces dépositions à décharge; mais de celles à charge qui ont été produites, en ont-ils parlé?

Je dis hautement : Non, et si je me trompais sur ce point, je dirais avec la certitude de ne pas me tromper, que ce rapport, ce réquisitoire, cette ordonnance ont menti en disant qu'aucun des faits de l'accusation n'était prouvé; que tout était faux et calomnieux.....

Car, ces dépositions contiennent, sur le fait des soustractions, les accusations les plus précises (1), et qui donnent un éclatant démenti et aux dépositions à décharge dont je viens de parler, et aux termes de ces actes menteurs, justificateurs officieux, quand même, des hommes qui se rendirent coupables de ces soustractions.

Mais les dépositions, les témoignages à charge que l'on n'a pas voulu recevoir, ils sont nombreux, ils eussent été plus accablants cent fois, et moins faciles à éluder, à fouler aux pieds que ceux que, à regret, on a été forcé d'admettre.

Eh! bien, ce sont ceux-là que je ferai connaître à la commission d'enquête qui sera créée; ce sont ceux-là et d'autres que j'ai recueillis depuis 1833, que je la mettrai à même d'entendre, et qui lui donneront les moyens d'apprécier la vérité, la probité, la justice de ce rapport, de ce réquisitoire, de cette ordonnance de non-lieu.

(1) Voir entr'autres celle de M. Case, ancien secrétaire du gouvernement d'Alger sous le maréchal Clauzel. — Voir aussi la déclaration de M. le capitaine Perrot.

## DEUXIÈME PARTIE.

Ce succès judiciaire, qui était tout à la fois un démenti donné aux résultats des recherches interrompues de la commission d'enquête d'Alger, résumées dans le rapport que j'en avais présenté, et que cette commission, il ne faut pas l'oublier, avait accepté à l'unanimité, ce premier succès, dis-je, eût très probablement suffi aux sieurs Denniée et Pirine, et à leur puissant protecteur, si j'avais accepté les termes de l'ordonnance de non-lieu.

Mais je me devais, je devais à ma famille, je devais à quarante ans de fonctions publiques remplies avec honneur et quelque distinction, je devais aux personnes qui m'honoraient de leur estime, de repousser cette accusation de calomnie d'où on la faisait sortir.

Pour cela, je fis insérer dans l'un des journaux de l'époque (1) un article dans lequel je disais : « Une ordon-
« nance de non-lieu rendue au profit des hommes que j'ai
« accusés d'avoir effectué des soustractions considérables
« lors de la prise de possession, par eux, des trésors d'Al-
« ger, a dit qu'aucun des faits imputés n'était prouvé par
« l'information, que tous étaient faux et calomnieux......

« Eh bien, je vais publier *l'historique de l'enquête com-*
« *mencée à Alger*, et suspendue par ordre supérieur, et l'on
« verra si les faits suivants sont en effet calomnieux. »

Et je fis suivre cet avis du résumé de ces faits, dont le nombre s'élevait à *treize*.

Aucune réponse ne fut faite.

Je fis venir chez moi un imprimeur, le sieur Plon (2). Je lui montrai mon manuscrit, et lui demandai s'il voulait se charger de son impression. Sur sa réponse affirmative, et voulant l'engager de manière qu'il ne pût pas se dédire, nous convînmes d'un dédit très élevé. Il emporta mon manuscrit, en fit annoncer la publication dans des journaux.

(1) La Tribune.
(2) Plon et Béthune, 36, rue de Vaugirard.

Cette annonce rendit la vie aux craintes que l'ordonnance de non-lieu avait dissipées.

L'un des agents qui avaient été mis en prévention, le sieur Denniée, intendant militaire, vint chez M. Plon : il était accompagné du sieur Evrard-Saint-Jean, qui avait rempli à Alger, étant adjoint aux sous-intendants, les modestes fonctions de commis-rédacteur des procès-verbaux de la commission de finances qui avait pris possession des trésors d'Alger 1). J'étais venu chez cet imprimeur pour conférer de l'impression de mon manuscrit; j'aperçus ces étranges visiteurs. Je lui dis : « Ils ne peuvent venir que « pour savoir si vous allez effectivement imprimer mon his- « torique de l'enquête d'Alger. Allez les recevoir; je vous « attends. »

Il ne s'était pas trompé. Ces deux hommes lui demandèrent en effet s'il était vrai qu'il allât publier *l'historique* annoncé. Il répondit affirmativement, et, pour donner plus de poids à son affirmation, il leur parla du dédit convenu, mais non encore rendu obligatoire par un engagement écrit.

Le sieur Denniée ne se trouvant pas assez à son aise dans une imprimerie pour traiter une affaire qui, pour lui et ses consorts, était si *importante*, et que rendait délicate la direction qu'il avait besoin de lui donner, engagea le sieur Plon à venir le voir le lendemain à son hôtel, rue de la Ville-l'Évêque.

M. Plon s'y rendit. Que fut-il dit, que se passa-t-il dans cette réunion à laquelle assistait encore le sieur Evrard St-Jean ? Dieu seul le sait. Ce que j'en appris de M. Plon, qui vint me voir en en sortant, c'est que les sieurs Denniée et Evrard-St-Jean lui avaient dit qu'il y avait une ordonnance de non lieu... qu'il se compromettrait s'il publiait mon historique... qu'ils l'attaqueraient.......

Puis il ajouta : « Vous voyez bien qu'il m'est impossible de publier votre historique. »

(1) Le sieur Evrard-St-Jean qui, lui aussi, est venu déposer de la probité de ses amis. Pour la prouver, il a écrit à l'un d'eux, au sieur Denniée, dont il avait toute la confiance, une lettre remplie des plus infâmes diffamations, œuvre conventionnelle d'une insigne lâcheté que le sieur Denniée s'est empressé d'offrir à l'information, et que le magistrat informateur n'a pas eu le courage, la dignité de répudier comme un présent qui, semblable à la robe de Nessus, ne pouvait qu'empoisonner, en la salissant, son œuvre judiciaire.

Je compris...

M. Plon leur avait parlé du dédit ; il fallait le mettre en règle vis-à-vis de moi...

Il fut donc convenu, les résultats l'ont prouvé, qu'on lui ferait, par acte extra-judiciaire, défense de publier cet historique, vu *l'ordonnance de non-lieu.*

Et, en effet, peu de jours après, il m'apporta cet acte que j'ai retenu : tout alors me fut expliqué.

Mais cela ne suffisait pas encore : je pouvais trouver un imprimeur moins facile à intimider, moins *complaisant* ; et puis on ne peut pas s'occuper sans cesse de négociation, de transaction, d'intimidation... Il était donc urgent de prévenir ce cas qui pouvait se représenter indéfiniment : et, pour cela, d'avoir recours à une mesure devant laquelle aucun imprimeur n'oserait se charger de l'impression de mon *historique.*

Cette mesure, ce fut une attaque en dénonciation calomnieuse dirigée contre moi par le ministère public ; par le ministère public, qui n'avait pas à intervenir, puisqu'il y avait, au besoin, de nombreuses parties civiles.

Mais il fallait les encourager : les coupables n'ont pas tous et toujours l'héroïsme de l'audace ; il fallait, dis-je, les encourager dans l'accomplissement de cette œuvre d'iniquité.

Elles le furent ; et huit jours après qu'un exploit m'eût fait connaître l'action de dévouement du ministère public, six parties civiles coalisées m'attaquèrent à leur tour, à savoir :

Les sieurs Firino, receveur général ;

Damite, intendant militaire,

qui seuls avaient été nommés par moi dans ma note *souscrite* remise à Louis-Philippe, et seuls étaient nominativement atteints par le réquisitoire du 8 août, et seuls aussi, sans doute, l'avaient été comme prévenus, dans l'ordonnance de non-lieu ;

M. le général Tholozé, que, dans madite note, dans mes dépositions, et partout et toujours, j'avais mis en dehors des accusations, ainsi que l'a fait M. Case dans sa déposition, qui accuse d'une manière si formelle les sieurs

Dennié et Firino, et le sieur Schneider, agent de la maison Sellière, à Alger ;

Le sieur Sellière, banquier, à Paris ;

Le sieur Hagerman, banquier à Paris, que je n'avais fait intervenir dans l'information que comme ayant reçu d'Angleterre, et gardé en dépôt chez lui, pendant trois jours, 865 caisses de lingots d'argent que lui avaient envoyées MM. Heath et compagnie, de Londres, régent de la Banque, et consul général de Sardaigne, M. Hagerman, qui ne se trouvait introduit dans l'information faite contre les sieurs Dennié et Firino, que par la remise que j'avais faite de la copie du bordereau d'envoi de ces 865 caisses de lingots.

Enfin, ce même sieur Heath et comp., qui intervint par procuration donnée à l'un de ses commis.

Je comparus devant la 6e chambre jugeant en police correctionnelle. J'avais écrit ma défense : elle ne pouvait être que la mise en accusation, devant mes juges et devant l'opinion publique, des sieurs Dennié et Firino, et consorts.

M. Parceval avait voulu m'assister ; il voulut entrer dans l'exposé des faits. . . cela lui fut interdit !

Là un grave incident imprima la flétrissure sur le front du sieur Firino.

A ma requête M. Pillault-Debit, qui avait été comme moi, membre de la commission d'enquête d'Alger, et qui, non plus que M. le général Casean, n'avait pas voulu accepter les conclusions de la majorité dont j'ai parlé au précédent chapitre de cette notice. M. Pillault-Debet, dis-je, déposa que le sieur Firino avait été surpris dans l'intérieur de la Casauba, remplissant ses poches d'or.

Le fait était des plus graves. Il fallait que le ministère public l'acceptât et fît ses réserves, ou qu'il protestât. . . . .

Il se montra conséquent avec tous les précédents ; il adopta ce dernier parti :

« Nous requérons, dit-il, c'était toujours M. Poinsot qui
« occupait, qu'il soit fait un supplément d'information, afin
« de confondre les calomniateurs. »

A quoi je répondis :

« Il paraît que c'est un parti pris par le ministère pu-
« blic, de considérer comme calomnie tout ce qui attaque
« mes adversaires. Eh! bien, qu'il fasse son supplément
« d'information, et nous verrons si le fait dont il vient d'ê-
« tre déposé est en effet une calomnie. »

Puis, j'ajoutai : « Ce n'est pas que j'attache à ce fait
« une grande importance matérielle, métallique. Je sais
« bien que ce n'est pas à *coups de poche* que l'on a enlevé
« les cent millions qui ont été soustraits des trésors d'Al-
« ger ; mais le fait peut servir à fixer l'opinion publique
« sur la moralité de mes adversaires, et voilà pourquoi j'ai
« voulu qu'il en fût déposé. »

Le ministère public était judiciairement mis en demeure d'instruire sur ce fait gravement accusateur... Eh!
bien, aucune information ultérieure n'a été faite. Le
sieur Pirino, est demeuré jusqu'à ce jour sous le coup de
cette grave accusation, qui fut nécessairement ou dût être
consignée dans le *plumitif* ou procès-verbal de l'audience,
et il a été maintenu dans les hautes fonctions financières
qu'il a obtenues à son retour d'Alger, lesquelles il occupe
encore aujourd'hui à la honte de la morale!

Nonobstant ce scandaleux épisode de ma cause, je fus
condamné à 1 an de prison, 3,600 fr. d'amende, 6,000 fr.
de dommages-intérêts et aux dépens.

J'appelai du jugement.

Deux avocats m'assistèrent : ce fut M. Paul Favre, neveu
de M. Odilon-Barrot qui avait bien voulu me le désigner ;
il se chargea de plaider les faits.

M. Benoist-de-Versailles, qui plaida la question de
droit.

Un incident d'une autre nature marqua ' · seconde audience d'un caractère particulier que je laisse au lecteur le
soin d'apprécier.

Je m'étais retiré de la première peu satisfait des deux
plaidoieries; mais surtout de celle fort équivoque de
M. Benoist-de-Versailles, qui l'avait terminée par cette
sorte d'apostrophe questionneuse :

« Mais pourquoi MM. Dennisé et Firino poursuivent-ils
« M. Flandin ? C'est grâce à lui que l'on ne peut pas graver
« sur le fronton de leur hôtel ces mots : *Hôtel de la Casbah* »

Je me préparai donc à reprendre toute la cause en sous-
œuvre.

L'audience étant ouverte, je me levai pour prendre la
parole ; mais M. Paul Favre, qui était convaincu que la
cour annullerait le jugement dont était appel, m'engagea
à voix basse à ne pas parler.

Et M. Benoist de Versailles, moins timide, dans une intention et pour des raisons que je n'ai jamais connues, me
dit hautement : « M. Flandin, ne parlez pas ; » et, s'adres-
sant à la cour, il ajouta : « M. le président, je ne puis pas
« permettre que M. Flandin prenne la parole ; il y a trop
« d'irritation entre les parties pour que je le lui permette…. »
Et se retournant de mon côté, il termina cette étrange et
insolite allocution en répétant : « M. Flandin, ne parlez
« pas ; rapportez-vous en à la justice de la cour…. »

On comprend, sans que je le dise, l'embarras dans lequel
me jeta cette plaidoirie improvisée de mon silence.

Si je n'acceptais pas le conseil de l'avocat, si je parlais,
ne pouvant qu'accuser, je déplairais évidemment à la cour,
et son arrêt pourrait s'en ressentir.

Si je gardais le silence en présence des diffamations dans
lesquelles l'avocat de mes adversaires avait cherché, avec
leur justification, toute la force de sa plaidoirie, c'était accepter ces diffamations.

Quel serait, dans ce cas, l'arrêt de la Cour ?

Placé dans une situation aussi pleine de perplexité, j'acceptai le silence, déclarant à la cour que je l'acceptais,
parce que j'espérais que, laissant dans le prétoire le souvenir de ces diffamations, elle n'emporterait dans la salle de
ses délibérations que les faits de la cause, les faits relatifs
à la spoliation des trésors d'Alger.

Cela dit, je m'assieds. J'attendis… j'attendis trois heures
cet arrêt auquel M. Benoist de Versailles avait voulu que
je m'en rapportasse.

Enfin la cour rentra, et son président rendit un arrêt en
tout confirmatif du jugement dont j'avais appelé devant
elle.

Alors, me retournant du côté de cet avocat, je lui dis :
« Eh bien, monsieur, vous avez voulu que je m'en rappor-
« tasse à la justice de la cour... Voilà, Monsieur, qu'elle
« est la justice de la cour. »

Cela dit, je me retirai.

Il me restait un recours en cassation.

Là, me dis-je, on n'examine, on ne juge que la question
de droit, et, dans l'opinion de tous les jurisconsultes, cette
question ne peut être résolue qu'en ma faveur.

J'introduisis une requête.

M. le conseiller Rocher, homme d'un rare mérite, d'une
probité non moins rare, et d'une grande impartialité, fut
chargé d'en faire le rapport. J'eus l'honneur de le voir ; il
me dit, laissant de côté les faits qui devaient échapper à la
compétence de la cour :

« Votre requête soulève une question importante sur la-
« quelle la jurisprudence est muette : c'est celle de savoir
« si un fonctionnaire public qui ayant, pendant l'exercice
« de ses fonctions, ou l'accomplissement d'une mission.
« acquis la connaissance d'un crime ou d'un délit, peut,
« sans encourir la responsabilité attachée à une dénoncia-
« tion, le révéler au gouvernement. Il importe, dans l'in-
« térêt de l'État, que cette question soit résolue, que ce
« point de jurisprudence soit fixé. Je la soulèverai dans mon
« rapport, afin que le gouvernement cesse d'être désarmé
« contre les fauteurs de crimes ou de délits, faute de les
« connaître ; et comme ce point de jurisprudence ne peut
« être fixé que par l'affirmative, son bénéfice vous profi-
« tera. »

M. Dalloz, avocat des sieurs Donniée, Firine et consorts,
avait produit une réponse à ma requête... Inutile de dire
qu'elle était une seconde édition des diffamations auxquelles
son émule d'alors, le sieur Delangle, avait eu recours, contre
moi, en première instance et en appel.

J'y répondis par un mémoire en tête duquel je plaçai
cette épigraphe :

« La fonction d'avocat se change en un honteux mandat,
« lorsque celui qui la remplit ne peut trouver la force de

« sa défense que dans le mensonge, et la justification de son
« client que dans la diffamation de sa partie. »

Et, joignant l'exemple au précepte, je convainquis
M. Dalloz d'avoir eu recours, dans sa dite réponse à ma
requête, à vingt-neuf mensonges, quatre fausses assertions,
cinq fausses imputations ou inductions, et à une grave hé-
résie politique, qui avait pour objet de transformer le
chef de l'État en *officier de police judiciaire*, afin de donner
à la *note secrète* que j'avais remise à Louis-Philippe le caractère d'une dénonciation.

Vint le jour de la cause. Il fallut me constituer.

Un homme d'une rare probité judiciaire, d'un noble dé-
sintéressement, d'un grand talent, accepta la mission gra-
tuite de soutenir mon pourvoi: ce fut M. Chauveau-Adolphe.

Rien ne peut égaler ma reconnaissance que mon ad-
miration pour la noble indépendance de sa plaidoirie.

Avant qu'il parlât, j'avais, ainsi qu'il me l'avait permis, pris la parole, à laquelle un accident me força de re-
noncer après avoir *dit* les faits, c'est-à-dire, après avoir ac-
cusé de spoliation les hommes qui avaient pris possession
des trésors d'Alger.

M. Dalloz lui répondit toujours avec les mêmes armes,
celles de la diffamation, armes dont est toujours pourvue
la conscience élastique et mercenaire de certains avocats,
que M. Dalloz, si haut placé dans le barreau, n'aurait pas
dû imiter; mais qu'il lui était plus facile de manier que
de prouver la probité de ses riches clients, des modernes
Verrès qu'il venait défendre contre moi.

Je voulus répliquer à Me Dalloz : cela me fut interdit.

La cause fut remise au lendemain pour entendre l'avocat-
général Tarbé, et le prononcé de la Cour.

Je me reconstituai.

Le lendemain, je fus ramené à l'audience. L'avocat-général Tarbé prit la parole :

> Sa parole officielle à VERRÈS vient en aide ;
> Au temple de Thémis elle tonne, elle plaide.
> Il outrage il est vrai la loi, la vérité :
> Qu'importe? Il veut, il doit dire la probité
> De ses riches clients, et, sans rougir, conclure
> Que l'accusation ne fut qu'une imposture,
> Et que par un arrêt brutal, réparateur,
> Il faut venger VERRÈS de son accusateur.

Et, en effet, M. l'avocat-général Tarbé avait été provoqué par M. le conseiller Rocher à faire décider le point de jurisprudence dont j'ai parlé; c'était pour lui un devoir de le faire; l'intérêt du gouvernement, la sollicitude obligée de la Cour suprême, pour tout ce qui peut perfectionner la jurisprudence gouvernementale; l'honneur de sa haute magistrature lui en faisaient une obligation... Point : il fut sourd à l'appel que l'honnête, l'éloquent, l'impartial conseiller lui avait fait; il foula aux pieds son devoir; il abaissa sa toge au niveau de la robe des avocats défenseurs des spoliateurs des trésors d'Alger... Comme eux il plaida ma diffamation! comme eux il subit l'influence qui voulait, dans son propre intérêt, que je leur fusse sacrifié; comme eux il éluda la question de droit, plaida les faits calomnieusement diffamatoires, et conclut au rejet de mon pourvoi!

Je voulus répondre : cela ne me fut pas permis; et de même que, après la plaidoirie de M. Dalloz, on m'avait dit : « on ne réplique pas ici, » il me fut dit, après le réquisitoire de M. l'avocat-général Tarbé : « On ne se ré-« plique pas à M. l'avocat-général ... »

La Cour passa dans la salle de ses délibérations; elle y resta près de 4 heures. Pendant ce temps, un nombreux barreau qui avait assisté à ce débat, lequel reçoit de la nature de la cause et des divers incidents qui s'y sont produits, un certain caractère de célébrité, disait : « Nul « doute que le pourvoi de M. Flandin sera admis; la « question de droit ne pouvant être décidée qu'en sa fa-« veur. »

Mais les avocats qui parlaient ainsi raisonnaient en jurisconsultes honnêtes, éclairés, indépendants; ils ignoraient quelles influences immorales présidaient à toute cette mystérieuse affaire de la prise de possession des trésors d'Alger; ils ne savaient pas que partout une influence cupide s'est manifestée, qu'elle a disposé des consciences, posé de tout son poids dans la balance du mensonge, dépouillé la vérité de sa puissance et de son droit !

Enfin la Cour rentra..... Je lus aussitôt sur la belle et noble figure de M. le conseiller-rapporteur, le rejet de mon pourvoi, que prononça, en effet, son président.

Tout était fini :

> Depuis longtemps déjà l'autel était paré.
> VERRÈS et ses patrons demandaient leur victime,
> Et l'homme en robe noire avait tout préparé
> Au gré des gueux couverts de la dépouille opime.

Il ne restait plus à mes adversaires, à leur haut complice qu'à jouir de leur audacieux et insolent triomphe...

A moi de les mettre au défi, de me le notifier, de m'en imposer l'humiliation.

Ils ne l'osèrent pas : aucun jugement ne me fut signifié, aucune mise en demeure de payer amende, dommages-intérêts, dépens, de me constituer, ne me fut faite. Ils avaient un double bill d'indemnité ; ils étaient abrités sous l'arrêt définitif de la Cour suprême ; ils eurent la pudeur, par *pitié*, dirent-ils, de se tenir pour satisfaits...!

Par pitié! les misérables! après m'avoir persécuté, ruiné parce que je n'avais pas voulu recevoir la fortune qu'ils m'avaient offerte pour prix de mon silence sur le crime de spoliation des deniers publics dont ils s'étaient rendus coupables (1), ils essayèrent de jeter sur leur retenue imposée le masque hypocrite de la pitié !!!

L'enquête que j'ai provoquée se chargera d'imprimer sur leur front le sceau de l'infamie, qu'ils ont si bien mérité.

Ainsi finit la première période de ce procès, qui méritera, peut-être, d'être rangé parmi les causes célèbres du dix-neuvième siècle.

J'arrive à la seconde :

J'avais écrit l'*historique de l'enquête* commencée et suspendue à Alger ;

L'*historique judiciaire* des poursuites commencées en apparence contre les sieurs Desniée et Firino, mais en réalité contre moi-même.

*La vérité sur la prise de possession des trésors d'Alger;*

Et j'allais les livrer à l'impression, lorsque j'en fus détourné par cette considération d'état, que leur publica-

_____________

(1) Voyez les pièces annexées à cette notice.

tion imprimerait inévitablement une souillure sur un front que la raison d'état protége de toute attaque qui pourrait faire succéder le mépris, la mésestime au respect dû à un pouvoir qui est l'effigie de la France.

Je m'abstins donc

Mais, en m'abstenant de toute publication qui aurait des conséquences aussi fâcheuses, je ne cessai d'informer les divers ministres qui ont eu la présidence du conseil, de la vérité du fait des soustractions considérables commises dans les trésors d'Alger.

Je n'ai cessé de leur dire, en termes non-équivoques, quel avait été le complice protecteur des hommes qui s'en étaient rendus coupables : une correspondance nombreuse adressée, tant au chef de l'état lui-même, qu'à ses ministres, et à l'intendant général de la liste civile, que je ferai passer sous les yeux de la commission d'enquête qui sera, je l'espère, instituée par l'Assemblée Nationale, cette correspondance dira mon insistance, mes convictions, la liberté franche, loyale, avec laquelle je m'expliquai toujours sur cet épisode scandaleux de notre conquête algérienne : *La prise de possession des trésors d'Alger.*

Enfin les destinées de ce pouvoir corrupteur et corrompu, suborneur et vénal, se sont accomplies...

L'ère de la vérité, de la justice, de la réparation, s'est levée avec l'ère d'un gouvernement vraiment, purement national.

J'ai conçu et j'ai exécuté le projet de saisir l'Assemblée nationale de cette mystérieuse et si scandaleuse affaire.

A cet effet, je lui ai présenté une requête tendant à ce qu'il lui plaise charger une commission prise dans son sein, de recevoir les pièces nombreuses que j'ai rassemblées sur cette affaire ; d'entendre les explications ultérieures que j'aurai à lui donner, avec offre de l'assister dans l'enquête qu'elle aura reçu le pouvoir de faire, et de laquelle il y aura lieu à saisir, en fins civiles, la justice régulière du pays.

Le comité de la justice en a été saisi ; il a entendu le compte que lui en a rendu l'un de ses membres chargé par lui de l'examiner, de l'éclairer, d'en faire le rapport à la tribune de l'Assemblée nationale.

Je ne me permettrai pas d'en préjuger les conclusions, bien que les communications que j'ai faites à M. le rapporteur, et les renseignements qu'il a pu se procurer d'ailleurs, aient dû le convaincre qu'il y a lieu à rechercher dans une enquête la vérité sur cette déplorable affaire de la prise de possession des trésors d'Alger ; vérité de laquelle sortira, à l'aide de mes indications, et des recherches de la police savamment dirigées, entre autres preuves qui autoriseront l'action en fins civiles dont je viens de parler, contre les coupables de ces soustractions, leurs adhérents et consorts, *celle que des remises considérables en lingots ont été faites d'Angleterre à plusieurs maisons de banque de Paris*, lesquelles les ont reçues en dépôt pendant quelques jours, à titre d'intermédiaires rétribués par l'allocation d'une commission dont le chiffre très-élevé révèle, pour celle que j'ai connue (1), une destination de laquelle sortira évidente, et comme une conséquence irréfutable, l'origine de ces remises.

Or c'est là surtout qu'est l'importance, le bénéfice pour le trésor public de ma démarche auprès de l'Assemblée nationale ; c'est là ce qui autorisera le trésor public à revendiquer sur qui de droit les nombreux millions que ces remises représentent, et ceux que pourra lui réaliser le recours en fins civiles contre les hommes qui seront convaincus par l'enquête que je demande, d'avoir effectué les soustractions représentées par ces remises, et par les richesses dont ces hommes, qui étaient, la notoriété publique le dira, ruinés en 1830, se sont montrés possesseurs au retour de la mission qu'ils ont remplie à Alger.

C'est la certitude que j'ai que tels doivent être les résultats de cette enquête, qui me donne le courage d'affronter encore une fois les intrigues diffamatoires de ceux que mes révélations convaincront d'infidélité, de soustractions frauduleuses, à leur profit et au profit d'un haut complice, et de m'exposer à la puissance des nombreuses inimi-

(1) La maison Hagerman.

lies déchaînées contre moi, mais auxquelles je pourrai cette fois, je l'espère du moins, opposer la protection du gouvernement de la République.

Ma démarche est hardie, téméraire peut-être. D'aucuns la blâmeront : ils diront qu'il est peu généreux d'attaquer un pouvoir qui n'est plus ; que ce pouvoir, et l'un des coupables qui a payé sa dette à la mort (1) ont droit, sinon au respect, du moins à l'oubli ; et pour le premier, ils invoqueront le respect dû au malheur..

Le respect dû au malheur ! ah ! sans doute, en thèse générale, le malheur a droit à nos respects. Mais celui pour lequel on plaiderait mon silence, a-t-il respecté le mien, mes services, les droits que quarante années de fonctions publiques remplies avec honneur et quelque distinction me donnaient à l'estime de mes concitoyens ? Non : la main de son hypocrite cupidité s'est appesantie sur moi : elle m'a écrasé...

Qu'il accepte les conséquences qui sortiront de mes révélations!!!

Je les terminerai par la consignation du fait suivant qui ajoute une nouvelle et puissante autorité à l'autorité des faits rassemblés dans cette notice, à savoir :

M. Hypolite Bonnellier, qui fut secrétaire-général de l'intendance civile, à Alger, reçut, à son départ de Paris, du président du conseil des ministres, l'invitation de s'enquérir des faits accusateurs relatifs à la prise de possession des trésors de la régence. — Des recherches qu'il a faites par les moyens que ses fonctions mettaient à sa disposition, des investigations auxquelles il s'est livré, il est résulté pour M. Bonnellier, qui m'autorise à le dire, la conviction qu'en effet des soustractions considérables avaient été pratiquées lors de la prise de possession de ces trésors; M. Bonnellier ajoute que la mort de M. Casimir-Perrier l'a seule empêché de donner suite aux investigations qu'il avait faites.

(1) Le sieur Denniée, intendant militaire.

*Extrait de la déposition de M. CAZE, ancien secrétaire du Gouvernement d'Alger, sous M. le maréchal CLAUZEL, classée sous le N° 142 du dossier de l'information faite contre les sieurs DENNIÉE, intendant militaire et FIRINO, receveur général, en vertu du réquisitoire du 8 août 1833.*

. . . . . . . . . . . . . . . . . . . . . . . . . . . . . . . . . . .

D. Pouvez-vous vous rappeler précisément ce que vous avez appris sur ce fait (celui des exportations considérables d'espèces provenant des trésors d'Alger, faites en Angleterre et en France par l'entremise du sieur Schneider, agent de la maison Sellière) dans vos conversations particulières avec M. le maréchal Clauzel ?

R. Dans mes conversations avec M. le maréchal Clauzel sur l'affaire de l'enquête, M. le maréchal m'a dit *qu'il était positif que des envois de fonds avaient été faits en France* (1); et sur mon observation que ces fonds avaient pu provenir d'une autre source que celle indiquée par les soupçons qui s'étaient élevés, il me répondit qu'il avait été expédié en France des fonds *provenant des soustractions commises dans le trésor d'Alger, et qu'il pouvait être heureux pour certaines personnes que l'enquête fût terminée* (2).

. . . . . . . . . . . . . . . . . . . . . . . . . . . . . . . . . . .

D. Que vous a dit M. Fourmont sur ce fait, que M. le général de Bourmont aurait eu mission du gouvernement d'alors de mettre de côté des fonds pour la cassette de Charles X (3).

R. Je me rappelle très bien avoir reçu de M. Fourmont cette confidence que, postérieurement à la révolution de juillet, M. Bourmont, voulant éviter à lui et à ses amis les désagréments de la reprise de l'enquête commencée en 1830, avait promis à une personne une somme très considérable pour dissuader cette personne de solliciter du garde des sceaux la reprise de cette affaire.

D. Je vous invite, dans l'intérêt de la justice, à nommer cette personne.

R. Je dois dire que M. Fourmont m'a nommé M. Flandin.

D. Par l'intermédiaire de qui croyez-vous qu'aient été faites

(1) Ces paroles prononcées en 1833, s'appliquent logiquement et aux envois faits directement d'Alger, et à ceux arrivés par la voie de l'Angleterre.

(2) L'enquête fut suspendue..., et non terminée.

(3) Le fait est vrai. Ces fonds avaient été envoyés en Angleterre avant l'ouverture de l'enquête, ce sont évidemment ceux représentés par les envois de lingots faits à plusieurs maisons de Paris ; mais ce n'est pas Charles X qui les a reçus.

les expéditions de fonds que, dans votre opinion, vous croyez avoir été destinés (1) pour le roi Charles X, alors régnant ?

R. Je réponds que je crois que cela a été par l'intermédiaire immédiat du sieur Schneider (agent de la maison Sellière), et avec la participation des sieurs Denniée et Firino.

D. Comment supposez-vous que le sieur Schneider, simple agent de la maison Sellière, ait pu faire transporter en France les fonds soustraits ?

R. Le sieur Schneider avait à sa disposition tous les transports de l'armée, comme représentant la maison Sellière, chargée de l'entreprise de toutes les fournitures...

D. En quoi pouvait consister la coopération volontaire de MM. Denniée et Firino dans le fait de ces expéditions (des fonds soustraits)?

R. Je n'ai parlé que de leur participation indispensable, puisqu'ils avaient les clefs des trésors de la régence.

---

*Déclaration de M. PENSAT, capitaine de cavalerie, qui était attaché à l'état-major général de l'armée expéditionnaire d'Afrique. A moi adressée, le 10 août 1830.*

Monsieur.

M'étant trouvé à la prise d'Alger, et surtout à la prise de cette fameuse Casbah, je vous *déclare* et *j'affirme* que je n'ai jamais vu de plus déshonorant et un plus dégoûtant pillage que celui fait à ladite Casbah pendant huit jours entiers.

Deux pillages ont eu lieu : le premier de l'or, de l'argent, des bijoux, etc. (2), montant à cent millions au moins, puisqu'il n'est entré au trésor que quarante à cinquante millions, je crois.

Le second pillage, qui n'a été toléré que pour masquer et couvrir le premier, n'était que des hardes, meubles, etc.

Je vous déclare aussi, et je pourrais nommer bien des individus qui pourraient faire la même déclaration que moi, que M. de Bourmont père a dit à la Casbah : « Eh bien, Messieurs, « nous avons ici de quoi payer les frais de la guerre, l'arriéré « des vieux et braves légionnaires de l'empire, et une gratifi « cation de trois mois de solde à toute l'armée d'Afrique. »

Ainsi, Monsieur, les frais de la guerre se montaient à cinquante-six millions, je crois; l'arriéré des légionnaires de l'empire à quarante-quatre millions, ce qui fait CENT MILLIONS. Ajoutez maintenant les trois mois de solde à une armée de trente-cinq mille hommes, et vous aurez le montant des sommes trouvées et bien comptées à la Casbah.

(1) *Destinés*, oui ; reçus, non; ils ont reçu une autre destination que l'enquête fera connaître.

(2) Voir page 42, l'extrait du rapport de M. Deval, consul général de France à Alger, et de l'ouvrage de M. Schneider, consul général d'Amérique.

Je ne nomme aucun des grands pillards de la Casbah, mais je les connais, et je leur promets ma protection *si jamais nous pourrons nous donner un gouvernement réparateur.*

Je vous déclare aussi que j'ai vu sortir de la Casbah au moins soixante caisses remplies d'or, portées par des soldats du sixième régiment d'infanterie de ligne (1); et ce n'est pas par le chemin de la marine que ces caisses ont passé, mais bien du côté opposé, car j'ai vu ces mêmes soldats prendre la rue qui conduit au *fort de l'Empereur.* Je leur parlai, à ces soldats, et ils me dirent que toutes ces caisses étaient remplies d'or.

Si ce renseignement peut être utile au trésor national, servez-vous en comme vous l'entendrez; mais ce n'est pas aujourd'hui, croyez-moi, que vous pouvez rendre un pareil service: attendez donc.

J'ai l'honneur, etc.

---

*Autre lettre de M. le capitaine* PERSAT, *datée d'Ennezat (Puy-de-Dôme), le 20 octobre 1848.*

**Mon cher Monsieur,**

Je réponds de suite à votre lettre du 14 de ce mois, pour vous affirmer que je suis plus que jamais bien disposé à participer, de corps et d'âme, aux poursuites qui pourront être faites contre les pillards de la Casbah d'Alger, en 1830.... Mais, mon cher monsieur Flandin, je crains bien que vous ne soyez pas plus heureux dans vos nouvelles démarches que vous ne l'avez été dans les premières. Dans tous les cas, je vous préviens que je suis tout prêt à me rendre à Paris, pour vous seconder dans vos efforts et poursuites, mais que je ne m'y rendrai qu'avec indemnité de route... Arrangez-vous de manière à me faire obtenir de suite l'indemnité nécessaire pour me rendre à Paris, et je pars dans les vingt-quatre heures... *Signé*. PERSAT.
*Capitaine de cavalerie.*

---

*Extrait du rapport fait par M.* DEVAL, *consul général de France près la régence d'Alger, le 28 février 1828, dont expédition existe dans chacun des ministères d'alors.*

Ce rapport commence ainsi :

« Les Arabes, par suite de la conquête qu'ils firent en 695 de l'Afrique septentrionale, partagèrent le pays en principautés, devenues le patrimoine de divers cheicks, vénérés parmi eux. »

Il finit par ce paragraphe :

« Ainsi, en supposant même qu'il y ait erreur dans ce calcul

---

(1) C'est dans la nuit du 3 au 4 juillet que l'enlèvement de ces caisses a eu lieu. Il est remarquable que cette déclaration faite en 1836, est en parfait accord avec celle que me fit l'officier Pagès en 1836 : après la suspension de l'enquête, et dont j'ai parlé dans cette notice.

(celui des troupes de débarquement), on conviendra du moins qu'en réduisant les troupes de débarquement à la moitié, c'est-à-dire, à 15,000 hommes, plus que suffisants pour la reddition d'Alger, et en se contentant des seuls six vaisseaux de ligne qui sont déjà arrivés à Toulon, plus les trente-huit frégates, flûtes, bombardes et gabarres déjà aussi en mer pour le transport des troupes, il paraît impossible que cette expédition dût coûter plus de douze millions en sus des dépenses ordinaires de la marine et de la guerre. »

Suit le chiffre des nombreuses troupes et des marins à employer, et de celui de la dépense qu'ils occasionneraient.

Dans le corps du rapport on lit :

« Le débarquement est facile à l'ouest de la ville.

« Le matériel de guerre, ainsi que le trésor public, porté jusqu'à cinquante millions de piastres fortes (espèces et diamants), deviendraient nécessairement la proie du vainqueur. »

Dans un ouvrage publié par M. Scheler, consul général d'Amérique à Alger, cet agent diplomatique affirme, avec vérité et fondement, des résultats analogues. On y lit ce passage :

« Quand j'ai porté le nombre des troupes de débarquement de vingt-cinq à trente mille hommes, ça a été dans la pensée de dominer et même d'occuper tout le pays. Mais s'il ne s'agissait que du seul siège d'Alger, qui n'a pour enceinte, du côté de terre, qu'une simple muraille dominée de toutes parts, et qui, indubitablement, serait réduite dans moins d'une semaine, dix à douze mille hommes suffiraient certainement.

« Les trésors que la piraterie des Algériens a accumulés dans cette ville depuis trois à quatre cents ans, s'élèvent à TRENTE millions de piastres fortes (au delà de 150 millions de francs), en or et en argent monnayés, transportés en 1817, sous les yeux de tout Alger, des caves du palais de la ville à la citadelle, et à VINGT millions de piastres fortes en diamants. »

« L'exportation de ces trésors est reconnue impossible. Ils doivent rester à la disposition du vainqueur, ainsi que le matériel de la guerre, qui est immense. »

---

*Copie de la lettre que M. DANGOUT, ministre de l'intérieur m'a écrite le 5 juin 1833.*

Monsieur,

Vous avez fait connaître au secrétaire général de mon ministère que vous aviez des pièces qui prouvent l'existence de délits commis lors de la reconnaissance du trésor de la Casbah, à Alger. — Je vous invite, Monsieur, à me donner une copie, par vous certifiée, de ces pièces. S'il y a des coupables, il faut qu'ils soient poursuivis et punis.

Agréez, Monsieur, l'assurance de ma considération distinguée.

*Le pair de France, ministre de l'intérieur,*
Signé : D'ARGOUT.

*Poursuivis et punis!* quelle ironie!. .. Ah! si le gouvernement eût voulu savoir la vérité sur ces *délits*, c'est-à-dire sur le crime de spoliation de ces trésors; s'il eût voulu que *les coupables fussent poursuivis et punis,* aurait il ordonné la suspension de l'enquête qui devait constater ce crime et faire connaître les coupables? Aurait-il repoussé la demande que j'ai faite, à mon retour d'Alger, pour que cette enquête fût reprise? M'aurait-il disgracié parce que j'avais protesté contre sa suspension et contre l'ordre du jour du 22 octobre? Membre du gouvernement, et sachant bien ce qui s'était passé à Alger, à Marseille et à Paris, étant très avant dans la confiance intime de Louis-Philippe, quoi! c'est en 1833 que vous demandez à être instruit, afin, dites-vous, de faire *poursuivre et punir les coupables!* Ah! je le répète, quelle audacieuse ironie! quelle machiavélique hypocrisie de la probité ministérielle et gouvernementale de l'époque!

*Voici ma réponse à la lettre que l'on vient de lire.*

Monsieur le ministre,

D'Alger, de Marseille, et à mon retour à Paris, j'ai fait connaître au gouvernement qu'elle était mon opinion sur la prise de possession des trésors d'Alger; sur la manière dont l'enquête dont je fus rapporteur fut conduite; sur la brusque suspension de ses recherches, alors qu'elles pouvaient devenir efficaces; sur l'ordre du jour du 22 octobre, contre les termes duquel j'ai hautement protesté; et j'ai dit sur quoi j'appuyai mon opinion.

J'ai causé de tout cela avec M. le secrétaire général de votre ministère; je lui ai expliqué fort en détail les circonstances importantes de l'enquête, et notamment la visite que je fis faire, par la commission, des localités où les trésors pris à Alger avaient existé, et le cubage des capacités qui s'étaient trouvées, lors de la prise de possession, remplies d'espèces or et argent; et je l'ai encore entretenu de quelques autres circonstances postérieures qui se rattachent à toute cette affaire d'Alger, et qui la compliquent.

Ce que j'ai dit à M. le secrétaire général, et plus encore que tout cela, a fait la matière d'un travail très important que je suis prêt à livrer à l'impression, en l'appuyant de tout ce qui peut provoquer la confiance et produire la conviction sur les faits les plus graves.

Je n'ai en conséquence, Monsieur le ministre, à vous envoyer la copie d'aucune pièce de la nature de celle dont vous me parlez dans votre lettre du 3 de ce mois.

Recevez, etc.

Imprimerie Chassaignon, rue Gît-le-Cœur, 7.